LIDERAZGO
INVISIBLE

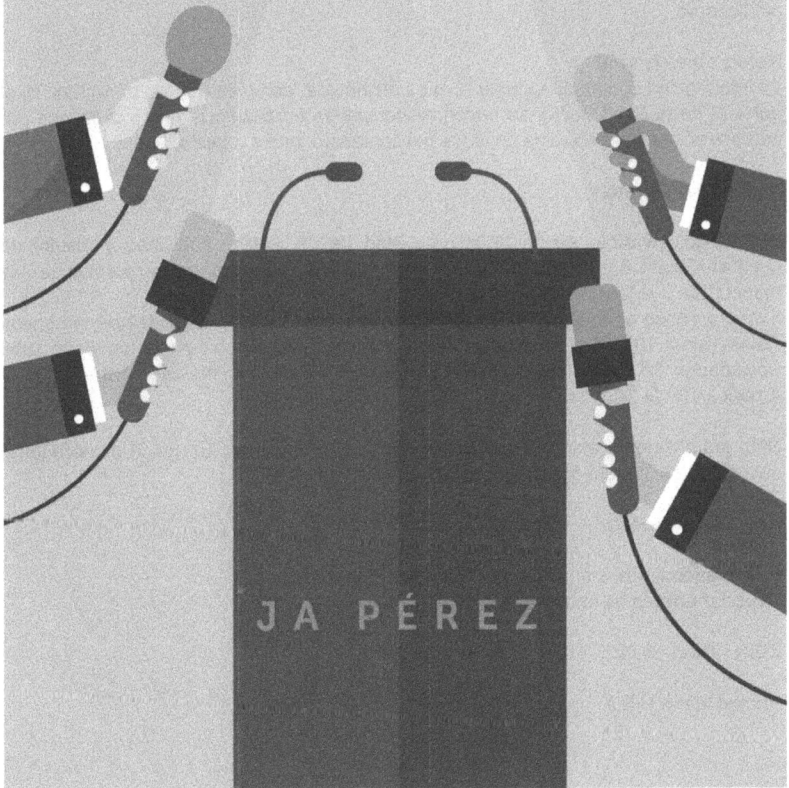

JA PÉREZ

Liderazgo Invisible

Keen Sight Books

Puede encontrarnos en la red en: www.KeenSightBooks.com
Reportar errores de imprenta a errata@keensightbooks.com

ISBN: 978-1-947193-11-6

Printed in the U.S.A.

*este manual es dedicado a todos los
líderes que laboran con nosotros
en nuestra querida América*

Contenido

Esta literatura

Esta serie intenta comunicar al alumnado, doce columnas básicas elementales, necesarias para establecer los fundamentos sólidos sobre los cuales reposa el liderazgo sano.

No son éstos los únicos principios o conceptos que regulan la formación de un líder, sin embargo, estas doce áreas cubiertas en el libro, establecerán una buena base sobre la cual edificar.

Misión de la *Escuela de Liderazgo Internacional*

Levantar, equipar y enviar líderes de estatura, probados y consagrados, con visión global —listos para sentarse a la mesa con aquellos que moldean culturas, influyen decisiones y diseñan las ideas que dirigen el curso de vida en sus respectivos países.

¿Cómo lo hacemos?

A éstos procuramos proporcionar principios culturalmente sensitivos en un contexto internacional y ésto en sesiones exclusivas —todo en un marco de tiempo que líderes realmente ocupados pueden manejar.

Impacto a largo plazo

Líderes se han de formar con una mentalidad de impacto a largo plazo. Asegurando que la experiencia adquirida por los mismos se transmita de manera exponencial, a medida que se comprometen a influir a otros líderes y comunidades.

1

Liderazgo Invisible
Usted reconoce a un buen líder cuando no está presente

Un buen líder, prepara a su equipo de tal manera, que ellos pueden funcionar perfectamente cuando él no está presente.

Lo que pasa en tu ausencia dice que tipo de líder eres. Por eso uno de los trabajos más importantes de un líder es convertirse en un mentor que pone a otros delante y él está dispuesto a desaparecer en el anonimato mientras impulsa a otros.

Jesús le dijo a sus discípulos que ellos estarían mejor en su ausencia.

> *Pero yo os digo la verdad: Os conviene que yo me vaya; porque si no me fuera, el Consolador no vendría a vosotros; mas si me fuere, os lo enviaré. Juan 16:7*

Un buen líder promueve a otros

De la misma manera, un mal líder usa a otras personas para

su beneficio personal. En los años que estuve pastoreando, recuerdo que tenía en la iglesia mecánicos, constructores, contadores públicos, y varios otros tipos de oficio.

Recuerdo cuando comencé el pastorado que mi esposa y yo nos propusimos que jamás íbamos a pedir un favor a alguno de ellos, solo por el hecho de que éramos sus pastores. Cada vez que necesité un mecánico, fuimos y pagamos en un taller.

Se que hay pastores que reciben todo tipo de servicios gratis de parte de los miembros de sus congregaciones, pero eso es tomar ventaja. No solo porque la Biblia dice que el obrero es digno de su salario, sino también porque Dios nos ha puesto para aumentar a las vidas de otros, no para quitarles.

Nuestro trabajo es promover a otros.

Como líderes, somos responsables por crear las plataformas y entregar las herramientas a quienes Dios nos ha encargado, de manera que podamos lanzarlos.

Un buen líder no mantiene gente con potencial de liderazgo sentada en la iglesia, más bien los equipa y los envía.

Un buen líder sirve a otros

Debemos sinceramente estar interesados en el bien de otras personas. Esto es ministerio.

Debemos tener bien claro que no se puede servir a Dios sin servir a otros.

> *...como el Hijo del Hombre no vino para ser*
> *servido, sino para servir... Mateo 20:28*

Entonces Jesús, llamándolos, dijo: Sabéis que los gobernantes de las naciones se enseñorean de ellas, y los que son grandes ejercen sobre ellas potestad. Mas entre vosotros no será así, sino que el que quiera hacerse grande entre vosotros será vuestro servidor... Mateo 20:25,26

2

No se trata de nosotros

El Evangelio no se trata de nosotros —Cristo es el centro del Evangelio.

Por eso nuestra predicación es contracultura, pues no está enfocada en prometer bienes temporales o cosas terrenales, sino que se basa en la promesa de cosas celestiales para Gloria y Honra de Jesucristo.

Nuestra predicación no responde a satisfacer las demandas de la sociedad de consumo en que vivimos.

Por eso usted no oirá mensajes prometiendo:

- Éxito en los negocios

- Éxito en el amor

- Éxito en todas tus relaciones

- Una mejor vida ahora

- Que todo te vaya bien

- Que tengas una mejor estima

- Que poseerás lo que confieses con tu boca

- Que poseas muchas riquezas

Dios nos cuida por amor a sí mismo

Aunque Dios es un Dios bueno, y nos cuida y nos da buenas cosas para que las disfrutemos, creemos que estos beneficios son bi-productos. No para ser seguidos, pues nuestra acción no está en seguir cosas, sino en seguir al Creador de todas las cosas.

Motivación de Dios

Entonces ¿cuál es la motivación de Dios al bendecirnos con cosas temporales?

Veamos ciertos beneficios:

> *Jehová es mi pastor; nada me faltará. En lugares de delicados pastos me hará descansar; Junto a aguas de reposo me pastoreará. Confortará mi alma...*
> *Salmo 23:1,2 y 3a*

Esta es la motivación:

> *Me guiará por sendas de justicia por amor de su nombre. Salmo 23:3b*

Beneficios:

> *Ahora, así dice Jehová, Creador tuyo, oh Jacob, y Formador tuyo, oh Israel:*

*No temas, porque yo te redimí; te puse
nombre, mío eres tú.*

*Cuando pases por las aguas, yo estaré
contigo; y si por los ríos, no te anegarán.
Cuando pases por el fuego, no te
quemarás, ni la llama arderá en ti.*

*Porque yo Jehová, Dios tuyo, el Santo de
Israel, soy tu Salvador; a Egipto he dado
por tu rescate, a Etiopía y a Seba por ti.*

*Porque a mis ojos fuiste de gran estima,
fuiste honorable, y yo te amé; daré, pues,
hombres por ti, y naciones por tu vida.*

*No temas, porque yo estoy contigo;
del oriente traeré tu generación, y del
occidente te recogeré.*

*Diré al norte: Da acá; y al sur: No detengas;
trae de lejos mis hijos, y mis hijas de los
confines de la tierra, Isaías 43:1-6*

Motivación:

*...todos los llamados de mi nombre; para
gloria mía los he creado, los formé y los
hice. Isaías 43:7*

Beneficios:

*Oídme, costas, y escuchad, pueblos
lejanos. Jehová me llamó desde el vientre,
desde las entrañas de mi madre tuvo mi*

nombre en memoria.

Y puso mi boca como espada aguda, me cubrió con la sombra de su mano; y me puso por saeta bruñida, me guardó en su aljaba... Isaías 49:1,2

Motivación:

...y me dijo: Mi siervo eres, oh Israel, porque en ti me gloriaré. Isaías 49:3

Beneficios:

Nuestros padres en Egipto no entendieron tus maravillas; No se acordaron de la muchedumbre de tus misericordias, Sino que se rebelaron junto al mar, el Mar Rojo. Salmo 106:7

Motivación:

Pero él los salvó por amor de su nombre, Para hacer notorio su poder. Salmo 106:8

Beneficios:

Porque la Escritura dice a Faraón: Para esto mismo te he levantado... Romanos 9:17a

Motivación:

...para mostrar en ti mi poder, y para que mi nombre sea anunciado por toda la tierra. Romanos 9:17b

15

Dios te mantiene salvo por causa de ÉL mismo, no por causa de tu comportamiento.

> *Pues Jehová no desamparará a su pueblo,*
> *por su grande nombre 1 Samuel 12:22*

Jesús no habló por su propia cuenta —lo hizo para glorificar al Padre.

> *El que habla por su propia cuenta, su*
> *propia gloria busca; pero el que busca la*
> *gloria del que le envió, éste es verdadero,*
> *y no hay en él injusticia. Juan 7:18*

Buenas obras no son para salvarnos (no se trata de nosotros); son para glorificar a Dios.

> *Así alumbre vuestra luz delante de los*
> *hombres, para que vean vuestras buenas*
> *obras, y glorifiquen a vuestro Padre que*
> *está en los cielos Mateo 5:16*

> *...manteniendo buena vuestra manera*
> *de vivir entre los gentiles; para que en*
> *lo que murmuran de vosotros como de*
> *malhechores, glorifiquen a Dios en el día*
> *de la visitación, al considerar vuestras*
> *buenas obras. 1 Pedro 2:12*

Nuestras oraciones no son respondidas para nuestro beneficio, sino para que Dios sea glorificado.

> *Y todo lo que pidiereis al Padre en mi*
> *nombre, lo haré, para que el Padre sea*

glorificado en el Hijo. Juan 14:13

El supremo sacrificio de Cristo en la cruz fue para glorificar al Padre.

Ahora está turbada mi alma; ¿y qué diré? ¿Padre, sálvame de esta hora? Mas para esto he llegado a esta hora. Padre, glorifica tu nombre. Entonces vino una voz del cielo: Lo he glorificado, y lo glorificaré otra vez. Juan 12:27,28

Yo te he glorificado en la tierra; he acabado la obra que me diste que hiciese. Juan 17:4

El Ministerio del Espíritu Santo es para glorificarlo a EL.

El me glorificará; porque tomará de lo mío, y os lo hará saber. Juan 16:14

Todo lo que hagamos es para ÉL no para nosotros.

Si, pues, coméis o bebéis, o hacéis otra cosa, hacedlo todo para la gloria de Dios. 1 Corintios 10:31

Todo lo que Dios ha hecho por ti, incluyendo tu salvación, es para su gloria.

Bendito sea el Dios y Padre de nuestro Señor Jesucristo, que nos bendijo con toda bendición espiritual en los lugares celestiales en Cristo, según nos escogió en él antes de la fundación del mundo, para

17

*que fuésemos santos y sin mancha delante
de él, en amor habiéndonos predestinado
para ser adoptados hijos suyos por medio
de Jesucristo, según el puro afecto de su
voluntad, para alabanza de la gloria de
su gracia, con la cual nos hizo aceptos en
el Amado, en quien tenemos redención
por su sangre, el perdón de pecados
según las riquezas de su gracia, que
hizo sobreabundar para con nosotros en
toda sabiduría e inteligencia, dándonos
a conocer el misterio de su voluntad,
según su beneplácito, el cual se había
propuesto en sí mismo, de reunir todas
las cosas en Cristo, en la dispensación del
cumplimiento de los tiempos, así las que
están en los cielos, como las que están en
la tierra. En él asimismo tuvimos herencia,
habiendo sido predestinados conforme al
propósito del que hace todas las cosas
según el designio de su voluntad, a fin
de que seamos para alabanza de su
gloria, nosotros los que primeramente
esperábamos en Cristo. Ef 1:3-12*

Ef 1:3 es la mayor bendición que tu puedas recibir y es espiritual, no material, pero no se trata de ti.

Su motivación al bendecirte, no es porque tú eres grande; es porque ÉL es grande. (para alabanza de su gloria Ef 1:12)

La Biblia no es el manual de Dios para tu vida. El enfoque

de La Biblia no eres tu, es Cristo.

Cuando entendemos que no somos el centro del Evangelio, entonces somos libres para:

- Estar conformes y agradecidos con lo que tenemos

- Ser usados en servir a otros en lugar de servirnos a nosotros mismos

- Cumplir con la Comisión Misionera que el Señor nos ha entregado como mandato

Pensamientos:

El deseo de ser servidos es un acto de arrogancia. Dios nos ha llamado a servir.

Cuando viene la soberbia, viene también la deshonra; Mas con los humildes está la sabiduría. Pr 11:2

Usted puede gastar su tiempo tratando de tener una mejor vida ahora, o asegurándose que otros tengan una mejor vida por la eternidad.

3

El poder de la ausencia
Más poderoso cuando no estoy

Si cuando un líder muere, todo lo que levantó muere con él, su influencia es borrada de la memoria de los vivientes.

Lo que pasa en tu ausencia es tu legado. Por eso uno de los trabajos más importantes de un líder es convertirse en un mentor.

Jesús le dijo a sus discípulos que ellos estarían mejor en su ausencia.

Pero yo os digo la verdad: Os conviene que yo me vaya; porque si no me fuera, el Consolador no vendría a vosotros; mas si me fuere, os lo enviaré. Juan 16:7

Plan de Trabajo

Medite en lo leído y use los espacios debajo para completar su tarea.

Si usted ha usado la versión digital de este material y lo ha tomado como curso, puede someter las respuestas electrónicamente para calificación a la siguiente dirección:

eli@japerez.com

Incluya en su correspondencia:

1- Título de este manual

2- Su nombre y apellidos completos

Alternativamente lo puede enviar por correo tradicional a:

Escuela de Liderazgo Internacional

P.O. Box 211325

Chula Vista, CA 91921 U.S.A.

¿A quién promueve un buen líder?

¿Cúal es nuestro principal trabajo como líderes?

¿Cuál es la motivación de Dios al bendecirnos con cosas temporales?

¿Cuál fue el propósito del supremo sacrificio de Cristo en la cruz?

Lo que pasa en mi ausencia es mi _____. Explique este concepto.

Principios aprendidos en este manual:

_____

_____

_____

_____

_____

_____

_____

_____

Textos o frases a memorizar:

_____

_____

_____

_____

_____

_____

_____

_____

_____

_____

_____

_____

Ajustes que debo hacer a mi manera de pensar:

_____

_____

_____

_____

_____

_____

_____

_____

Otras notas:

_____

_____

_____

_____

_____

_____

_____

_____

_____

_____

_____

_____

Formando líderes con
mente de reino

Con más de treinta y cinco años de ministerio, y una reconocida trayectoria internacional, que incluye estrechas relaciones con economistas, dignatarios y aquellos que moldean las culturas presentes en las naciones, el autor ha mostrado ser una autoridad en la materia de formar líderes.

Escritor, humanitario, moldeador de culturas y precursor de movimientos de cosecha en América Latina. Su mensaje atraviesa generaciones, culturas y naciones. Ha escrito varios libros y asiste a intelectuales, así como a iletrados, en la adquisición de destrezas esenciales y soluciones pragmáticas para comunicar esperanza con valentía en entornos complejos, y a veces hostiles.

Sus concentraciones masivas y misiones humanitarias han atraído grandes multitudes durante años guiando a miles a una relación personal con Jesucristo.

Él, su esposa y sus tres hijos, viven en un suburbio de San Diego en California, desde donde se coordinan todos los eventos de la asociación que lleva su nombre.

Trabajo de JA Pérez con líderes de Latinoamérica
Cuando una ciudad o provincia es impactada, con
frecuencia gobernantes y líderes nacionales —senadores
y congresistas— asisten al evento y reconocen el
movimiento, pero los frutos mayores del proyecto
completo son las miles de vidas que son transformadas
por el poder del evangelio. Ese es el principal propósito
de todo — comunicar las buenas noticias de Cristo

Líderes con visión global
Los líderes que equipamos
en las Américas, son quienes
sostienen y dan seguimiento
a movimientos de cosecha
cada vez que concluye un
proyecto a nivel ciudad. Ya
equipados para comunicar
el evangelio de una manera
relevante y culturalmente
sensitiva, estos corren con la
comisión de hacer discípulos
en cada generación y grupo
étnico en todas las esquinas
del continente.

Otros libros por JA Pérez

JA Pérez ha escrito más de 50 libros y manuales de entrenamiento. Todos sus libros están disponibles en Amazon.com así como en librerías y tiendas mundialmente. Libros con temas para la familia, empresa, liderazgo, economía, profecía bíblica, devocionales, inspiracionales, evangelismo y teología.

Serie Líderes

Esta serie está compuesta por doce manuales, con ejercicios y espacios para notas y tareas, de manera que el alumnado pueda recordar y poner en práctica cada uno de los principios aprendidos.

Los principios comprendidos en estos doce manuales también se encuentran en el libro *12 Fundamentos de Liderazgo* para ser usado en lectura regular.

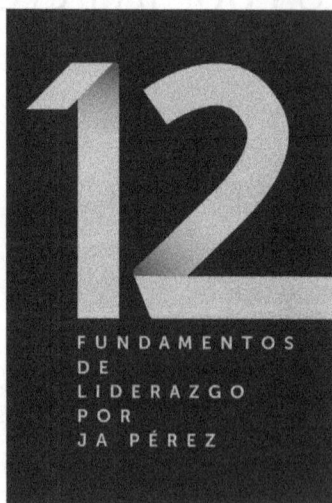

12

FUNDAMENTOS
DE
LIDERAZGO
POR
JA PÉREZ

LIDERAZGO
IRREVOCABLE

JA PÉREZ

LIDERAZGO
INTELIGENTE

JA PÉREZ

LIDERAZGO
y CONSORCIOS

JA PÉREZ

LIDERAZGO
y GOBIERNOS

JA PÉREZ

LIDERAZGO
PRODUCTIVO

JA PÉREZ

LIDERAZGO
y CAPITAL INFLUYENTE

JA PÉREZ

LIDERAZGO
INSPIRACIONAL

JA PÉREZ

LIDERAZGO
TRANSPARENTE

JA PÉREZ

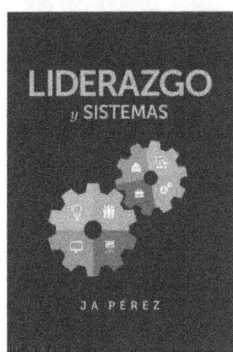

LIDERAZGO
y SISTEMAS

JA PÉREZ

LIDERAZGO
y DESARROLLOS

JA PÉREZ

LIDERAZGO
INVISIBLE

JA PÉREZ

LIDERAZGO
y LEGADO

JA PÉREZ

Series Conferencias

Discipulado para Nuevos Creyentes y Estudios de Grupos

Liderazgo, Gobierno y Diplomacia

Inspiración y Creatividad en Liderazgo

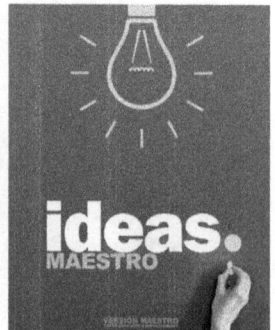

Temas Varios

Crecimiento Espiritual, Principios de Vida y Relaciones — Recientes

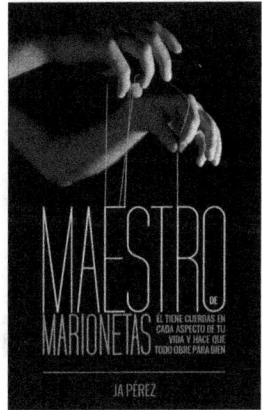

Profecía Bíblica

Teología

Evangelismo y Colaboración

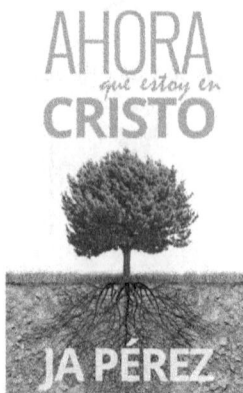
AHORA que estoy en CRISTO
JA PÉREZ

COMO COMPARTIR LAS BUENAS NOTICIAS
JA PÉREZ

Cosecha
latinoamérica
EVANGELISMO EFECTIVO
JORGE ARMANDO PÉREZ VENÁNCIO
JA PÉREZ

JUNTOS XEL CONTINENTE
JA PÉREZ

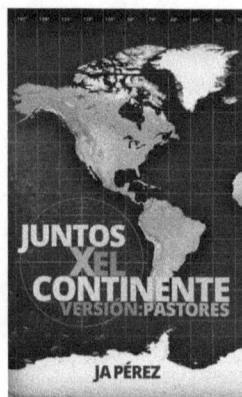
JUNTOS XEL CONTINENTE
VERSION: PASTORES
JA PÉREZ

Festivales y Concentraciones
Juntos En la Jornada

Festivales y Concentraciones
Juntos En la Cosecha

Festivales y Concentraciones
Juntos Concejo Internacional

Devocionales

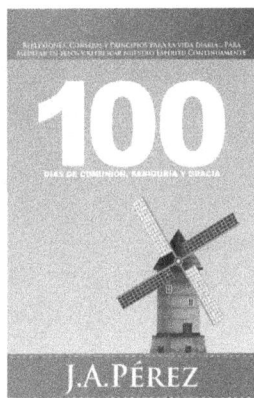

Ficción, Historietas

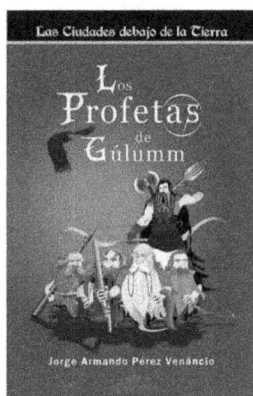

Las Ciudades debajo de la Tierra

Los Profetas de Gúlumm

Jorge Armando Pérez Venáncio

Crecimiento Espiritual, Principios de Vida y Relaciones — Clásicos

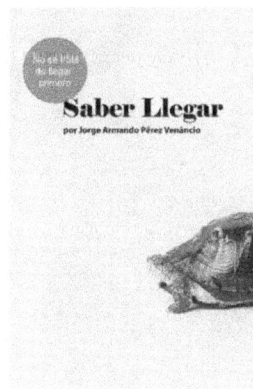

LA CIENCIA DEL POBRE

Jorge Armando Pérez VENANCIO

LAS REGLAS QUE REGULAN LA ABUNDANCIA

JORGE ARMANDO PÉREZ VENANCIO

Jorge Armando Pérez Venáncio

Lecciones de un viejo PROFETA mentiroso

EL FIN de TODA JACTANCIA

EXALTANDO LA COMPLETA OBRA DE JESUCRISTO

Las Suegras

7 principios

Jorge Armando Pérez Venáncio

Saber Llegar
por Jorge Armando Pérez Venáncio

NOW

THE URGENCY AND THE KEY
TO REACH THIS GENERATION
WITH THE MESSAGE OF CHRIST

English

Evangelism and Collaboration

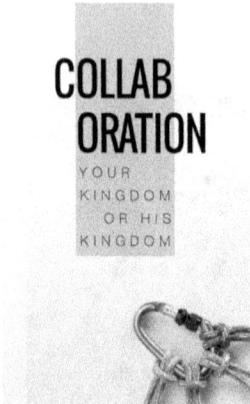

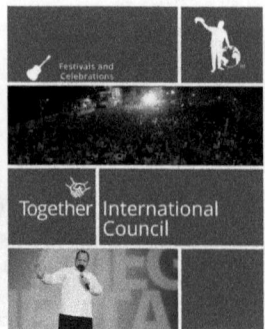

COLLAB ORATION

YOUR
KINGDOM
OR HIS
KINGDOM

COLLABORATION
IOI
for EVANGELISTS

COLLABORATION
IOI
for CHURCHES

9 BASIC
PRINCIPLES *of*
COLLABORATION
for EVANGELISTS

JA PÉREZ

Festivals and Celebrations

Together | Collaborate

Festivals and Celebrations

Together | International Council

Contacte /siga al autor

Blog personal y redes sociales

japerez.com

@japereznow

facebook.com/japereznow

Asociación JA Pérez

japerez.org

Keen Sight Books